Relation de la Mission du Missisipi [sic] du Seminaire de Québec en 1700.

Saint Vallier, Jean Baptiste de la Croix Chevières de

RELATION

DE LA

MISSION DU MISSISIPI

du Seminaire de Québec en 1700

PAR MM. DE MONTIGNY, DE ST COSME, ET THAUMUR DE LA SOURCE.

NOUVELLE YORK
A LA PRESSE CRAMOISY DE JEAN-MARIE SHEA.
M DCCC LXI

Imprimé à 100 Exemplaires.

No.———

TABLE.

AVANT PROPOS.

Nous devons les lettres suivantes à l'obligeante amitié de Mr François Parkman de Boston; et le Mandement de Mgr de St Valier à notre excellent ami, M l'Abbé Ferland de Québec.

Les lettres ont été copiées par une main maladroite, mais nous les donnons telles quelles sont, afin que chacun les corrige comme il juge apropos.

La lettre du père Gravier, tirée des Archives de l'Evéché, est extraite de *l'Abeille* de Québec.

J M. S.

NOTE.

Jean François Buiſſon de St. Coſme, fils de Michel Buiſſon ou Byſſon, natif de St. Coſme le Vert, dioceſe du Mans et de Suzanne de Licéraſſe, naquit à la Pointe Lévis, le 30 Janvier 1667; tonsuré 22 Aout 1688, prêtre 2 Fev. 1690; tué par les Chétimachas, en 1707.

J. B F.

MANDEMENT

DE MGR DE ST. VALIER.

JEAN BAPTISTE, par la Grace de Dieu et du St. Siege Apoſtolique, Evêque de Quebeq dans la Nouvelle France, à tous ceux qui ces préſentes verront.

SALUT ET BENEDICTION.

SUR ce qui nous a été repreſenté par les Supérieurs et Directeurs des Miſſions Etrangères de Quebecq qu'il y a beaucoup de nations au delà et au deça du fleuve Miciſſipy et tout le long de ce fleuve et des rivières qui ſe déchargent dedans et ont communication avec les dits lieux ; et que leur institut étant de s'employer au salut des ames des infideles, ils auroient un grand désir de pouvoir travailler à la conversion d'un si grand nombre de nations qui périssent malheureusement dans l'infidélité dans tous ces pays si étendus et si peuplés manque d'etre secourus ; qu' étant pour le sujet dans le dessein d'aller faire dans les dits lieux les establissements et missions qu'ils jugeront les plus nécessaires et avantageux au bien de cette œuvre, ils nous prient de leur accorder les pouvoirs nécessaires pour y aller des à present, y commencer les dits établissements et missions.

Nous poussé du désir d'etendre la foi dans tous les lieux que la Divine Providence a confiées à nos soins, et voulant donner des marques de l'affection sincère que nous avons pour le Séminaire des Missions étrangères dont nous désirons étendre les fonctions autant qu'il est en nous particulièrement, en ce qui regarde leur institut, nous avons permis aux Superieur et Directeurs du dit Séminaire d'envoyer des missionaires dans tous les pays cydessus mentionnés pour s'etablir dans les lieux qu'ils jugeront le plus à propoz, les exhortant de tout notre pouvoir d'y faire des établiſſements et miſſions où ils puiſſent envoyer dans la ſuite des miſſionnaires de leur corps, ſans qu'il ſoit permis à d'autres de differents corps d'y faire des établiſſements que de leur conſentement, dans les lieux où ils ſe ſeront établis, non plus que dans les autres lieux qu'ils auront choiſis de notre agrément ou de celui de nos grands Vicaires, accordant à ceux qui ſont envoyés par le dit Séminaire pour faire les fonctions dans les dites miſſions, les privileges à nous concédés par la Ste. Siège; bien entendu cependant que celuy que les dits Superieur et Directeurs auront nommé de leur corps pour le Supérieur des dites miſſions ou tel autre qu'ils auront envoyé aux dits lieux en leur nom et de leur part, pour y être Supérieur, puiſſe revoquer ou reſtreindre les pouvoirs que nous aurions accordés aux particuliers, s'il le juge à propos pour le bien de l'œuvre, l'etabliſſant comme Grand Vicaire, Supérieur et Général dans tous les dits lieux déclarant toutefois que notre intention eſt que les dits Supérieur et Directeurs du Seminaire de Quebecq puiſſent changer le dit Superieur des dites miſſions d'en haut et en ſubſtituer un autre en ſa place, quand ils le jugeront à propos, au quel cas les dits pouvoirs accordés par nous par les présentes patentes ne subsisteront plus à l'égard de l'ancien Supérieur des dites Missions, mais seulement à l'égard du nouveau.

Donné à Quebecq le premier jour de May, mil sixcent quatrevingt dix huit, sous notre seing, le contre seing de notre secretaire et scellé du sceau de nos armes.

JEAN, Evêque de Quebec.

La Colombiere, ptre. Sécretaire.

LETTRE DE

M. J. T. BUISSON ST. COSME,

PTRE. MISSIONAIRE

A MONSGR. L'EVESQUE.

MONSEIGNEUR :

La derniere que je me suis donné l'honneur de vous ecrire fut de Michillimakinac d'ou nous partimes le 14 de 7bre. Et allames par terre joindre nos canots qui avoient fait la tour de la pointe aux jrroquois et nous etoient allés attendre au village des outdaois Ce village est denviron 300 hommes plust adieu quils correspondissent aux soins et aux travaux que prenent les R. p. Jesuistes pour leurs Instructions mais ils paroissent moins avancez dans le Christianisme que les

Illinois qui depuis peu dit on ont des missionaires.

Nous partimes de ce village le 15 7bre, huit canots 4 pour la Riviere des Miamis avec le Sr. de Vincennes, et nos trois canots et Mr. de Tonty, qui comme je vous auois deja mendé dans ma derniere auoit pris la resolution de nous accompagner jusqu'aux Akanseas Je ne puis Monsgr. vous marquer les obligations que nous luy auons, il nous a conduit jusqu'aux Akanseas et nous a fait Beaucoup de plaisir dans le voyage il nous a facilité le chemin par plusieurs nations nous attirant l'amitie des vns Et jntimidant celles qui par jalousie ou Envie de piller auoient voulu opposer á notre voyage, il na pas fait seulement le deuoir d'un brave homme, mais faisoit Encore les fonctions dun zellé missionaire. Il remettoit l'esprit dé nos engagez dans les petits fantaisies qu'ils pouuaient auoir, apuyéz par son example dans les exercises de devotion que les voyages nous permettoient de faire frequentant fort souuent les sacremens il me seroit inutil Monseigr. de vous faire une description du La miesitgan sur le quel nous embarquâmes partant du fort des outdaouas, c'est un chemin qui eſt aſſes connu nous auions pris le coſté du ſud, qui eſt bien plus court et plus beau que le côté du nord mais comme c'eſt le Chemin des Irroquois et quil ny auoit pas longtemps quils auoient fait coup ſur quelques ſoldats et ſauvages qui alloient aux Miamis céla nous obligéa á prendre le coſté du nord qui n'eſt pas ſy agreable ny abondant en Chaſſe mais pourtant plus facile a ce que je crois parcequ on y est a couuert des vents du nord ou eſt.

Le 18 du mois nous arriuames à la traverſe de la Baye des puants éloignée de 40 Lieues de Michilimakinac nous cabanames dans une isle du detour parceque c'eſt La ou Le Lac commence á detourner du Côté du Sud nous fumes degradé dans cête Iſle 6 jours pendant leſquels nos gens s'employerent a tendre des fillets prirent grande quantité de poiſſons blanc qui et un fort beau poiſſon et une manne qui ne manque Guere le Long de ce Lac ou la Viande manque preſque toujours.

Le 28 nous fimes la traverſe de la Baye des puants Large denviron 10 lieues. L'on trauerſe disle en iſle La Baye des puants á environ 20 ou 30 lieues de profondeur, on rencontre a main droite en y entrant une autre pêtite baye apellée des Noquets La Baye des puants eſt habitée de pluſieurs nations ſauvages, les Noquets, les folles avoines, les renards et les poutouatami et les Sak ; les pères Jeſuiſtes ont une miſſion dans le fonds de cette Baye nous aurions bien ſouhaité de paſſer par le fonds de cêtte Baye et çeut êté bien notre plus court L'on monte vne petite riviere ou il ya que 3 Lieues de rapide Longue d'environ 60 Lieues on fait enſuite vn portage qui n'eſt pas Long et l'on tombe dans la riviere des Vveſkonſin qui et fort Belle et qu'on eſt que 2 jours a dêcendre pour arriver au Miciſſipi a La Verité il y a 200 Lieues du Lieu ou cette riviere tombe dans le Miciſſipi jusques la ou la riviere des Illinois ſe decharge dans le même Miciſſipi mais le courant eſt ſy fort qu'on a bientôt fait ce Chemin mais les renards ſont ſur céte petite riviere que l'on monte en partant de la baye pour gaigner Vveſkonſin, ne veulent ſouffrir perſonne craignant que Lon naille aux Lieux entre leſquels ils ont Guerre et c'eſt pourquoy ils ont Pillé deja pluſieurs francois qui vouloient paſſer par ce chemin c'eſt ce qui nous a obligé a prendre la route de Chikagu

Le

Le 29e de 7bre nous arrivames au village des Poux eloigné enuiron 20 Lieues de la Traverſe de la Baye , il y auoit autre fois la un fort beau village , mais depuis la mort du chef vne partie des ſauvages et allé demeurer dans la baye et le reſte étoit pret dy aller quand nous paſſames nous reſtames dans ce village. Le 30 nous partimes et le 4eme d octobre nous rencontrames un autre petit village de Poux ſur une pétite riviere ou le R P Marais y auoit hiverné avec des francois et planté une croix , nous y reſtames le reſte du jour.

Le 5 nous en partimes et apres avoir été degradé deux jours de gros vent nous nous arrivames le 7 a Melvvarik, c'eſt une riviere ou il y a une village qui a été conſidérable et habité des Motarctins et renards et méme quelques poux nous y reſtames 2 jours en partie a cauſe du vent et en partie pour rafraichir un peu nos gens parceque la chaſſe du canard et de cercelles etoit fort abondante dans cette riviére

Le 10 obre etant parti de bon matin de meliwarik nous arrivames de bonne heure a kipikavvi qui en et éloigné enuiron 8 Lieues ce fut la ou nous nous ſeparames de la Bande de Mr. de Vincennes qui continua la route pour les Miamis des ſauvages nous auoit (fait) eſperer que pouuions monter par cette riviere qu'apres auoir fait un portage denviron 9 Lieues nous deſcendrions par une autre riviere nommée piſtrui qui tombe dans la riviere des Illinois a environ 25 ou 30 Lieues de Chikagu nous êvitames cête riviere qui eſt longue denviron 20 Lieues juſquau portage elle paſſe dans des prairies aſſes agreables, mais comme il ny auoit point d'eau nous jugeames bien auſſy qu'il ny en auroit pas auſſy du Beſtikwi et qu' au lieu de racourcir notre chemin il nous auroit fallu faire pres de 40 Lieues de chemin de portage ce qui nous obligea de prendre la route de Chicaqvv qui en et êloigné enuiron de 25 Lieues nous reſtames 5 jours a kipikuſkvvi nous en partimes le 17 et apres auoir été degradé les 18 et 19 a cauſe du vent, le 20 nous cabanames a 5 Lieues de Chicaqvv nous y ſerions arrivé le 21 de bonneheure mais le vent qui s'eleua tout a coup du Large nous obligea a debarquer a une demie Lieue de Apkavv nous eumes bien de la peine a mettre a terre et a ſauver nos canots, il fallut tout a ietter a Leau c'eſt une choſe a la quelle il faut bien prendre garde le long des lacs et surtout du Missigan dont les Bords sont fort plats de mettre a terre bonne heure quand l'eau grossit du côté du Large car les roulins le font sy gros en peu de Temps qu'on court risque de rompre ses canots et perdre tout ce qui et dedans plusieurs voyageurs y ont dega fait naufrage , nous allames par terre Mr de Montigny , Dauion et moy a la maison des Rdes P . Jesuistes , nos gens etant restés au bagage nous y trouvames le R. P. Pinet et le R. p Buinateau qui etoient arrivez depuis peu des Illinois et qui etoient un peu malades.

Je ne scaurois vous exprimer Monsgr avec combien de cordialité et marques d'amitié ces Rds peres Jesuistes nous receurent et embrasserent pendant le temps que nous eúmes le consolation de demeurer auec eux Leur maison et bastie sur le bord dela pétite riviere ayant dun côté le Lac et del' autre une belle grand prairie Le village des sauuages et de plus de 150 cabanes et une lieüe dans la rivière il y a encore un autre village presque aussy grand ce sont tous des miamis le R P. pinet y fait sa demeure ordinaire excepté l'hiver que les sauuages vont tous a la chasse il va le paſſer aux Illinois nous ny vimes point de ſauuages, ils etoient deja tous partis pour leur chaſſe ſy l'on peut juger de la ſuite par le peu de Temps que le R p. Pinet eſt dans cete miſſion on peut dire que Dieu Benit les travaux et le zelle de ce St. miſſionnaire il y aura la un grand nombre de bons et fervens Chretiens, il eſt vray qu'on y fait peu de fruits envers les perſonnes agées et endurcies dans le Libertinage, mais on y Baptiſe les enfans et les jongleurs même les plus opoſés au Chriſtianiſme Laiſſent Baptiſer leurs Enfant, il ſont même bien aiſe qu'on les Inſtruiſe pluſieurs filles deja agées et pluſieurs jeunes garçons ce font auſſy Inſtruire de ſorte que L'on peut Eſperer que les vieilles ſouches etant mortes ce ſera un nouveau peuple tout Chretien.

Le 24 Obre le vent ayant ceſſé nous fimes venir nos Canots auec tous nos effets et voyant que les Eaux étant extremement baſſes, nous en fimes une cache dans la terre et primes ſeulement ce qui nous étoit abſolument neceſſaire pour nôtre voyage reſervant au printemps á envoyer chercher le reſte et nous laiſſames le frere Alexandre pour en auoir ſoin qui conſentit a y demeurer auec l'homme du p. Pinet et nous partimes de Chicaqvv le 29 et allames coucher environ 2 Lieues dans la petite riviere qui ſe perd enſuite dans les prairies. Le Lendemain nous commençames le portage qui eſt long denuiron 3 Lieues lorſque les Eaux ſont baſſes et qui na qu'un quart de Lieue le printemps car on ſ'embarque ſur un petit Lac qui tombe dans une fourche de la riviere des Illinois et Lors que les eaux ſont baſſes il faut faire portage juſqu'a cette fourche nous fimes ce jour la moitie de nôtre portage et nous auions encore fait du chemin quand nous nous apercumes quun pêtit Garcon que nous auions eu de Mr de Muys ſetant mis tout ſeul en chemin quoy qu'on luy eut dit d'atendre s'etoit ecarté on ny auoit point fait de reflexion tout notre monde êtant occupé nous fumes obligés d'arreſter pour le faire chercher tout le monde y alla on tira pluſieurs coups de fuſils mais on ne le peut trouver, ceſt une aſſes facheuſe conjonture nous etions preſſés de la ſaiſon et les eaux êtant fort Baſſes nous voyons bien qu êtant obligés de porter nos effets et notre canot il nous falloit Bien du temps pour arriver aux Illinois cela nous fit ſeparer Mr. de Montigny , de Tonty et Davion continuerent le portage le lendemain et moy avec quatres autres hommes je retournai chercher ce pêtit Garçon et en m'en retournant , Je rencontré le p. Pinet et Buineteau qui s'en alloient auec deux françois et un ſauuage aux Illinois nous le cherchames encore tout ce jourla ſans pouvoir le trouver comme c'étoit le lendemain la feſte de tous les Sts céla m'obligea d'aller coucher á Chikagvv avec nos gens leſquels ayant entendu la meſſe et fait leurs devotions de bon matin l'on paſſa encore toute cête journée achercher ce pêtit garçon ſans en pouuoir auoir aucune aperceuance , il etoit fort difficile de le trouuer dans les grandes herbes car ce pays nêt que de prairie, on ne rencontre que quelques bouquets de Bois les herbes etoient grandes on y oſait méttre le feu depeur de le Bruler Mr. de Montigny mauoit dit de ne reſter quun jour par ce que le froid nous preſſoit c'eſt ce qui m'obligea de partir apres auoir donné au frère Alexandre de le chercher et de prendre des françois qui etoient a Chicagvv Jepartis le 2 de 9bre apres midy je fis le portage et allai coucher a la riviere des Illinois, nous deſcendimes la riviere juſqua une Iſle la nuit nous fûmes ſurpris de voir pouce de neige et le Lendemain la riviere glacée en plusieurs endroits cependant il falloit casser la glace et trainer le canot parce quil ny auoit point deau ce qui nous obligea de laisser nôtre canot et d'aller chercher Mr. de Montigny que nous rencontrames le Lendemain 5 du mois a l 'Isle au Cerfs ils auoient deja fait deux Lieues de portage il nous en restoit encore 4 jusqu'au monjolly ce que nous fimes en 3 jours et arrivames la 8 du mois depuis Lisle a la Cache jusqu'au monjolly et l'Espace de 7 Lieues il faut toujours porter ny ayant point d'eau dans la riviere qu'au printemps tout le long de cette riuiere est trés agreable ce sont des prairies Bordees de Cotaux de tres beau Bois ou il y a quantité de Cheureuils aussy bien que dans la riuiere il y a une quantite de Gibier de toute sorte de sorte qu'apres avoir fait le portage un de nos hommes se promenant fait de quoy souper abondament et dejeuner le Lendemain Le monjolly et une butte de terre dans la prairie sur la droite en descendant vn peu élevé enuiron de 30 pieds les sauuages disent que du temp d'un grand deluge un de leurs ancêtre se sauuat et que cette petite montagne est son canot quil renuersa la en partant du monjolly nous fimes environ 2 Lieues nous demeurames un jour entier a un otre pêtit portage enuiron d'un quart de Lieue comme vn de nos hommes nommé Charbonneau auoit tué plusieurs dindes et outardes le matin et un chevreuil nous fimes bien de faire quelque regal á nos Gens et de les faire reposer pendant vn jour.

Le 10e nous fimes le petit portage et nous trouuames vne demie Lieue d'eau ensuite 2 hommes menerent le canot pendant enuiron vne Lieue. Les autres marchoient par terre avec chacun leur charge et on s'embarqua pendant l'espace d'une Lieue et demie et nous allames coucher a un petit portage loin de 5 ou 6 arpens Le 11e apres auoir fait le petit portage nous trouuams la riviere de Tealiki qui est la veritable riviere des Illinois, celle que nous auons descendu n'en étant qu'une fourche nous mimes toutes nos affaires dans le canot que deux hommes conduisoit pendant que Mr de Tonty et nous avec le reste de nos hommes marchions par terre toujours dans de belles prairies nous arrivames au village des Peanzichias Miamis qui demeuroient autrefois sur le .... de Miscissipi et qui depuis quelques années ſont venus ſ'etablir dans ce lieu il ny auoit perſonne dans le village êtant tous partis pour la chaſſe. Nous allames ce jour la coucher proche de maſſacre qui eſt une petite riviere qui tombe dans la riviere des Illinois. ce fût ce jour la que nous commençames a voir des bœufs et le Lendemain 2 de nos hommes en tuerent Quatre mais comme ſes animaux ſont maigres dans cette ſaiſon on ſe contenta d'en prendre les Langues ces boeufs me paroiſſent plus gros que les nôtres ils ont une boſſe ſur le dos les jambes fort courtes la teſte fort large et ſy garnie de grand poil qu'on dit qu'une balle ne ſcauroit penetrer nous en vimes enſuite preſque tous les jours durant notre voyage Juſquaux Akanſeas apres avoir bien eu pendant 3 jours a porter et a reunir notre Bagage dans le Canot la riviere etant baſſe et pleine de roches nous arrivames le 15 9bre au Lieux apelles Le vieux fort ceſt un rocher qui eſt ſur le Bord de la riviere haute environ de cent pieds ou Mr. de la Salle auoit fait Battir un fort qu'on a abandonné Les ſauuages êtant alles demeurer enuiron 25 lieues plus bas nous couchames vne Lieue au deſſous ou nous trouuames 2 cabanes ſauuages nous ſumes conſolés de voir vne parfaitement bonne Chretienne On conte de Chicaqvv juſquau fort enuiron 30 Lieues c'eſt la ou commence la navigation qui continue toujours juſqu'au fort de Peouarewi ou ſont maintenant les ſauvages. Nous y arrivames le 19 de 9bre nous y trouuames le R. p Pinet qui netant pas charges en partant de Chicagou êtoient arrivés 6 ou 7 jours devant nous. Nous y vimes auſſy le R p Maray's Jeſuiſte Tous les Rds P nous y firent l'acceuil poſſible toute la peine qu'ils auoient êtoit de nous voir partir ſitôt a cauſe des Geléés nous y primes un françois qui auoit demeuré 3 ans aux Akanſeas et qui ſcait vn peu la Langue cête miſſion des Illinois me paroit la plus belle que les R p. Jeſuiſtes ayent ici haut car ſans conter tous les enfans qui ſont baptiſés il y a quantité de Grandes perſonnes qui ont abandonné toutes leur ſuperſtitions et vivent en parfaits Bons Chretiens fréquantans les ſacremens et ſont mariés a l'eglize neumes point laconſolation de voir tous les bons Chrétiens car ils etoient tous diſperſés en deſcendant ſur le Bord de leur rivière pour la chaſſe nous y vimes ſeulement quelques femmes ſauuages mariées a des francois qui nous edifièrent par leur modeſtie et par laſſiduité qu'ils auoient d'aller pluſieurs fois le jour prier a la Chapelle nous y chantames vne grande meſſe a diacre et ſoudiacre le jour de la preſentation de la Ste Vierge et apres luy auoir recommendé notre voyage et nous être mis ſous ſa protection nous partimes des Illinois.

Le 22 de 9bre il nous a fallu faire caſſer la glace enuiron 2 ou 3 arpens pour ſortir du Lac de   nous etions quatre canots celuy de Mr. de Tonty et les deux notres et vn autre de St Jeunes Voyageurs qui voulurent bien nous accompagner en partie en conſideration de Mr de Tonty qui eſt generalement aymé de tous les voyageurs en partie auſſy pour voir le pays Les R. p. Buinateau ét pinet ſe joignirent auſſy avec nous pour vne partie du chemin voulant aller paſſer tout l'hiver avec leurs ſauuages nous retrouvames le premier jour de notre depart la cabane de Rouenſas le plus conſiderable des chefs Illinois eſt tres bon Chretien il nous recut avec honneſtete non d'un ſauuage mais dun honneſte francois il nous conduiſit a ſa cabane et nous obligea dy coucher il nous fit preſent de trois chevreuils l'un quil donne au pere, l'autre a Mr. de Tonty et le 3me a nous nous aprimes chez lui que les Charanons les Chekaihas les Karkinonpols auoient fait coup ſur les Kavvkias nation Illinoiſe qui eſt enuiron 5 ou 6 Lieues au deſſous de la decharge de la riviere des Illinois le long du Miciſſipi ils auoient tués 10 hommes pris pres de 100 eſclaves tant femmes que Enfans Comme ce Rouenſas a beaucoup deſprit nous crûmes être obligé de luy faire Quelque preſent pour lobliger a nous favoriſer le paſſage par les nations Illinoiſes non pas tant pour ce premier voyage que pour les autres ou ne ſerions pas ſy forts car tous ces peuples dicy haut ſont fort enclins et concoiuent facilem't de la jalouſie lorſqu'on va a dautres nations nous luy preſentames donq vn collier pour luy marquer que nous faſſions alliance avec luy et avec toute ſa nation et que luy etant Chretien il ne deuoit pas avoir vn plus grand plaiſir que de voir les autres nations participantes du Bonheur qu'il auoit et que pour cela il étoit obligé de faciliter tant qu'il pouuoit les deſſeins des miſſionaires qui les alloient Inſtruire nous luy fimes enſuitte vn petit preſent de poudre.

Le 23 au matin apres auoir dit nos messes, ou Rouensas et sa famille communia a celle de Mr. de Montigny nous partimes et nous rencontrames vn petit village de sauuages ou etant debarqués le Chef nommé L'ours nous dit qu'il n'etoit pas apropos que nous allassions dans Micissipi mais Mr de Tonty le gaigna ou l'intimida par ces parolles luy disant que nous étions envoyés du Maitre de la vie qui est le roy et du grand maitre de la riviere pour instruire ses sauuages ou nous allions et que Luy étoit Loué du Gouverneur pour nous accompagner Tellement que nous faire quelque peine cetoit ataquer a la personne même du gouverneur n'ayant rien repliqué a ces parolles nous nous embarquames et le 24 nous allames coucher a un autre village de plusieurs cabanes ou nous trouvames le nommé Tivet chef autrefois fameux dans la nation mais depuis peu abandonné presque de tous ses gens et fit plusieurs plaintes a Mr de Tonty qui luy reprocha que cetoit sa mauuaise conduite qui luy atiroit la haine de ses Gens et qu il y auoit Longtemps quil luy auoit promis de laisser le Jonglerie car c'est un fameux sorcier qu'il n'en auoit rien fait il se trouua la ensuite a la priere et le ſauuage luy promit qu'il ſe feroit Inſtruire. Le Lendemain 25 du mois nous nous ſeparames d'avec le R p Pinet qui demeure dans ce village pour y paſſer l'hyvert, car ily auoit un bon nombre de prians et le 26 nous trouuames vn village dont le chef êtoit a la chaſſe avec toute ſa jeuneſſe quelques vieillards vinrent au deuant de nous pleurant la mort de leurs Gens defaits par les Chauanons nous allames a leur cabane ils nous dirent que nous ne faiſſions pas bien de paſſer par les Carrechias avec les Chauanons a qui disoient ils Mr. de Tonty auoit donné les armes et auoit fait ſur eux coup. Mr. de Tonty leur repondit qu'il y auoit plus de 3 ans quil auoit party des Illinois et qu'il n'auoit pas peû voir les Chauanons pour leur donner des armes, mais les ſauuages continuant toujours a dire pluſieurs choſes ſans raiſon nous vimes bien quils nauroient pas le Cœur Bien fait et que nous deuions partir au plutôt auant que la jeuneſſe qui deuoit arriver le Lendemain au matin fût venüe ceſt pourquoy nous ſortimes Bruſquem't Mr. de Tonty leur diſant quils ne craignoient point les hommes, ils nous dire quils plaignoient notre jeuneſſe qui ſeroit tuéé Mr. de Tonty leur repondit quils lauoient veue aux iroquois et qu'ils ſcauoient quils pouroient tuer des hommes il faut auouer que les ſauuages ont vne tres grand eſtime de luy ceſt aſſes quil ſoit dans une Compagnie pour les empecher de faire aucunes jnſultes nous nous embarquames auſſytot et allames coucher a 5 au 6 Lieues de ce village le lendemain nous fumes degradés vne partre de la journéé a cauſe dune quantité de glace qui devinoit dans les rivieres.

Le 28 nous debarquames a vn village ou ily auoit environ 20 cabanes nous y vimes la femme du chef cête femme et fort conſiderable dans la nation a cauſe de ſon eſprit et de ſa Liberalité et parce quayant bien des enfans et des Gendres tous Chaſſeurs elle fait ſouvent des feſtins qui eſt le moyen de ſe rendre bientot conſiderable parmy ces ſauuages et toutes leurs nations nous dimes la meſſe au village dans la cabane dun ſoldat nommé La violette marié a vne ſauuageſſe et dont Mr. de Montigny baptiza lenfant Mr. de Tonty raconta a cette femme chef ce qu'on nous auoit dit dans le village precedent elle deſapprouva tout, luy dit que toute la nation auoit une Grande Joye de le voir et nous aufſy mais ce qui la fachoit êtoit de nêtre pas affurée de le revoir et poffeder plus longtemps nous partimes de ce village et fimes environ 8 Lieues depuis le 29 de 9bre jusqu'au 3 xbre nous fumes arreftés au même endroit par les glaces dont la riviere êtoit entierement barée pendant tout ce temps nous eûmes des vivres abondament car on ne ſcauroit jeuner dans cette riviere tant elle et abondante en Gibier de toute nature cignes, outardes canards elle et bordée de fort beaux bois qui ne ſont pas bien larges, de ſorte qu'on rencontre bientôt des belles prairies ou ily a quantité de Cheureuils Charbonneau en Tua pluſieurs pendant que nous etions areſtés dautres en tuerent aufſy pour la navigation neſt pas bien belle dans cette riviere quand les eaux ſont Baffes nous ĉtions quelquefois obliges de marcher auec une partie de nous Gens pendant que les autres conduiſoient les canots non ſans peine êtant ſouuent obligés de ſe mettre a l'eau qui étoit deja fort froide pendant notre retardement le R p. Buinceteau que nous auions laiffé au village de la femme du Chef nous vint voir et apres auoir paffé vn jour avec nous s'en retourna au village pour la feſte de ſt. francois

cois xavier ce fut ce jour la quun gros vent ayant cassé une partie des glaces nous fimes enuiron vne Lieue le lendemain ayant pris des Canots de Bois a cinq cabanes sauuages nous en cassames enuiron 3 ou 4 arpens de glace qui Baroient la riviére et qui avoient jusqu'à 4 doigts depais et qui portoit les hommes ensuite nous eumes la navigation libre jusqu'au micissipi ou nous arrivames le 5 de Xbre apres auoir fait enuiron 8 Lieues depuis le fort de peniteni Micissipi et vne belle et grande riviere qui vient du nord elle se divise en plusieurs chenaux dans le Lieu ou la riviere des Illinois, se decharge qui forme de très belles Isles elle fait plusieurs detours mais elle me semble tenir toujours le meme rond de vent au sud jusqu'aux akansea- elle et bordée de tres beaux Bois la Cote de deux Cotes paroit élevée denuiron 30 pieds ce qui nempeche quelle ninnonde jusques bien avant dans les bois le printemps lors que les eaux sont hautes exepté quelques cottaux ou endroits bien elevés que lon rencontre quelque fois Lonrencontre tout au long une grande quantité de boeufs ours cheureuils on y voit aussy un tres grand nombre doyseaux nous avons eu toujours sy grande quantité de viande le long de céte riviere jusqu'aux acanseas que nous passion plusieurs bandes de Boeufs sans vouloir faire tirer dessus.

Le 6eme de Xbre nous nous embarquames sur le Micissipi, après auoir fait enuiron 6 Lieues nous trouvames la grande riviere des Missouris qui vient de louest et qui et sy salle quelle gâte les eaux du micissipi qui jusqu'à cette riviere sont fort claires L'on dit quil y a dans le haut de cette montagne vn grand nombre de sauvages, 3 ou 4 Lieues nous trouuames sur la gauche vn rocher oụ il y a quelques figures depeintes pour les quelles on dit que les sauuages ont quelque veneration elles sont maintenant presque effacéés nous allemes ce jour la a Kavvechias qui etoient encore desolés du coup fait sur eux par les Chikakas et Chauanons ils se mirent tous a pleurer notre arrivée ils ne nous parurent passy merchants et sy mal Intentionnés que quelques sauuages Illinois nous auoient dit de ces pauvres Gens qui nous firent plus de pitié que de peur nous arrivames vers midy le Lendemein aux tamarois les sauuages avoient ête aveitis de bonheure de notre arrivéé par un autre qui partit des

Akanſuas pour leur en porter la nouvelle. Comme vn an auparavant ils avoient fait quelque peine a des hommes de M. de Tonty ils eurent peur et tous les enfans et les femmes ſ'enfuirent du village mais nous ny allames point a cauſe que nous voulions nous preparer a la feste de la Conception nous cabanames de l'autre bord de la riviere ſur la droite Mr. de Tonty alla a village et les ayant vn peu raſſeuré il nous emmena le chef, qui nous pria de l'aller voir a ſon village nous luy promimes et le lendemain jour de la Conception apres avoir dit nos meſſes nous allames avec Mr. de Tonty et ſept de nos hommes bien armés ils nous vinrent recevoir et nous conduiſirent dans la cabane du chef toutes les femmes et les enfans y etoient et nous ny fûmes pas plutôt que les jeunes gens et les femmes en rompirent une partie pour pouuoir nous voir ils nauoient jamais veu de Robes noires que quelques jours le R. p. Gravier qui auoit fait un uoyage ches eux ils nous donnerent á manger et nous leur fimes un petit preſent comme nous auions fait aux Carrechias, nous leurs dimes que cêtoit pour leur montrer que nous auions le coeur Bien fait et que nous voulions faire alliance auec eux afin quils recussent Bien nos Gens qui passoient souvent parla et quils leur donnassent a manger Ils le recurent avec bien de remercimens et ensuite nous nous en retournames Les Tamarois etoient cabanés dans une isle plus bas que leur village peut être pour auoir plus facilement du Bois dont leur village qui est sur le bord d'une prairie est éloigné peut être aussy crainte de leurs Enemis nous ne pumes pas bien voir sils etoient Beaucoup de monde ils nous parurent assés nombreux quoy que la plus grande partie de leur monde fût a la Chasse il y auoit la dequoy faire vne Belle mission on y faisoit venir les Kavvachias qui sont tous proche et les Michiagamias qui sont unpeu plus bas dans Micissipi quondit etre asses nombreux nous ne les vimes pointe parcequils etoient entres dans les terres pour la chesse les trois villages parlent Illinois nous partimes de Tamarois le 8 de Xbre apres mydy le 10 nous vimes une Colline qui est enuiron eloignée de 3 arpens de Micissipi sur la droite en descendant apres avoit été arrestés une partie du 11 par la pluye nous arrivames le 12 de bonne heure au Cap St. Antoine ou nous restames ce jour la et tout le Landemain pour y fair de la gomme qui nous manquoit il y a Beaucoup de pins depuis le Cap St. Antoine juſqu'à une riviere plus bas et c'eſt lunique endroit ou jen ay veu depuis Chigagou jusquaux Acanſeas Le Cap St. Antoine eſt un rocher qui eſt ſur la Gauch en deſcendaut quelques arpens au deſſous il y a un autre rocher ſur la droite qui avance dans la riviere et a une iſle ou plutôt un rocher heut enuiron de 200 pieds ce qui faiſant retourner la riviere fort court et retreciſſant le Chenal il ſe fait la une eſpece de Goufre ou on dit qu un Canot perit aux grandes eaux il y perit une foy 14 miamis ci que a rendu le Lieu recommendable parmy les ſauuages de ſorte quils ont coutume de faire quelques ſacrifices a ce rocher Quand ils y paſſent Ou y voit aucune figure comme on nous lauoit dit on monta ſur cette Iſle et rocher par un Cotteau auec aſſes de peine nous plantames deſſus une belle croix en y chantant le Vexilla Regis et nos Gens firent Trois decharges de fuſils pluſt a Dieu que la croix qui na encore jamais été connue dans ces lieux y triomphe et que notre Seigneur y repande abondamment les merites de ſa Ste paſſion que tous les ſauuages le connoiſſent et le ſervent. On commenca a trouver des cannes au Cap St. Antoine il y a auſſy une ſorte darbres Gros et ſemblables a un Bois blanc qui jette une certaine Gomme d'une tres bonne odeur on trouve auſſy tout du long du Miciſſipi quantité darbres fruictiers Inconnus en Canada dont les fruits ſont excellens nous en trouuions encore quelquefois aux arbres. Ie mettois oublié de marquer ici que nous fûmes dans le miciſſipi nous ne nous aperçumes point que nous étions dans lhivert et plus nous deſcendions et plus nous trouuions de chaleur Les nuits cependant y sont fraiches nous partimes du Cap St Antoine le 14 de Xbre et le 14 Nous allames coucher a une Lieue au deſſus de Wabache grande et belle riviere qui eſt ſur la gauche du Miciſſipi et vient de vers le nord et on dit quelle a 500 Lieues de long et prend ſa ſource proche les Sonontuans on va par cett[illegible]e aux Chauanons qui ont commerce a[illegible]es Anglois.

Le 16 nous partimes de Wabache et il ne nous arriva rien de particuliér et ne trouuames rien de remarquable juſquaux Acanſeas ſinon que nous trouuames vn certain oyſeau gros comme un ſigne qui a le beq long enuiron d'un pied et la gorge dune grandeur extraordinaire on dit qu'il y en a ſy grande quil y tiendroit vn minot de bled celuy que nous trouuames etoit petit et y en auroit bien tenu dans ſa gorge vn demi minot, on dit que cet oyſeau ce met dans un courant et ouvrant ſon grand beq qui le foure de luy meme dans ſa gorge nos françois apelloient cet oyſeau Chibek Le 22 nous trouuames une petite riviere a gauche en deſcendant qu'on dit être le chemin pour aller aux Chicachas qui ſont une grande nation et Loncroit quil ny a pas bien loin de cette petite riviere a leurs villages

Le 24 nous cabanemes de bonne heure afinque nos Gens ſe preparaſſent a la grande feſte de Noel Nous fimes une petite chapelle nous chantames une grande meſſe de minuit ou nos gens et tous nos françois firent leurs devotions Le jour de Noel ſe paſſa a dire nos meſſes que nos gens entendirent toutes et apres midy nous chantames les Veſpres, nous fumes fort étonnés devoir la terre trempler ſur une heure apres midy et quoyque ce tremblemt ne dura pas il fut aſſes fort pour que tous s'en aperceuſſent facilement le Lendemain nous partimes un peu tard parceque nous fumes obligés da tendre un petit ſauuage que Mr de Tonty auroit et qui le jour precedent etant allé dans le Bois pour y chercher des fruits ſetoit égaré, nous crûmes qu'il pouuoit auoir été pris par quelques guerriers Chicachas ce qui nous obligea de veiller et de faire garde toute la nuit mais nous fumes bien rejouis quand le Lendemain nous le vimes revenir nous partimes et nous allames coucher proche du lieu ou etoient autrefois le Kappa une nation des Akanſcas Le jour de St. Jean apres auoir fait enuiron 5 Lieues nous vimes de canots de Bois et un ſauuage ſur le bord de Leau comme nous etions proche et que nous auions peur qu'en nous voyant il prit la fuite un de nos hommes prit le Calumet et chanta il fut entendu du village qui etoit tout proche une partie ſenfuit les autres aporterent le Calumet et vinrent nous receuoir ſur le bord de leau Ils nous frotoient en nous abordant et enſuite ſe frotoient aux mêmes marque deſtime parmy les ſauuages ils nous prirent ſur les Epaules et nous porterent dans la Cabane d'un Chef il y avoit une cote de terre graſſe a monter celuy qui me portoit ſuccomboit ſous le fardeau Javois peur

peur quil ne me laiſſat tomber de ſorte que ie deſcendis malgré luy et montai la Cote mais auſſytot que je fus monté il fallût abſolument que je me mis ſur ſon dos pour me porter juſques a la Cabane quelque Temps apres ils nous vinrent chanter le Calumet pour nous et le Lendemain ſoir ils nous porterent dans vne autre Cabane ou nous ayant fait aſſeoir Mr. de Tonty et nous auſſy ſur des peaux dours et quatre Chef ayant pris Chacun un Calumet quils auoient mis deuant nous les autres ce mirent a Chanter en frapant ſur des eſpeces de Tambours faits de pots de Terre ſur leſquels ils mettent vne peau ils tiennent a leurs mains vne gourde ou il y a dedans des grains qui font du Bruit et leurs Chants ſaccordants au ſon de ſes tambours et au ſon de ſes gourdes céla fait vne muſique qui n'eſt pas des plus agréables. pendant qu'un ſauuage qui etoit derriére nous bérçoit nous fumes bientôt degoutés de céte ceremonie qu'ils font a tous les Etrangers qu'ils conſiderent et qu'il faut ſouffrir ſy on ne veut paſſer pour auoir le Cœur mal fait et quelques mauvaix deſſeins nous mimes de nos Gens a nótre place apres y auoir un peu demeurés ils eurent le plaiſir dêtre berces toute la nuit Le Lendemain ils nous firent present dun petit Esclave et de quelque peaux que nous payames par vn autre present de Couteaux et autres Choses qu'ils estiment beaucoup nous etions bien consolés de nous voir dans les Lieux de nos missions mais nous eumes vne sensible affliction en voyant cétte nation des Acanseas autrefois sy nombreuse entiérement detruite et par la guerre et par la maladie il ny auoit pas encore un mois qu'ils êtoient guéris de la picote qui en auoit emporté la plus grande partie on ne voyoit dans ce village que fosses il etoient la deux ensemble et nous jugions quil ny auoit pas 100 hommes tous les enfans etoient morts et vne grande partie des femmes Ces sauuages paroissent d un tres bon naturel nous étions a tout moment apellés en festin Ils ont une fidelité extraordinaire ils transportent tout ce que nous auions dans une Cabane et cela y demeura 2 jours sansqu' on y prit et pour nous memes Il ny eut rien de perdu un de nos Gens ayant oublié son Couteau dans une Cabane un sauuage le vint aussytôt raporter. la polygamie n'est pas commune parmy eux nous vimes pourtant dans le village de Kappa un de ses malheureux qui s habillant des leur jeuneſſe en fille ſervent au plus honteux de tous les vices mais cet jnfame n'étoit point de leur nation il etoit Illinois parmy leſquels cela eſt tout commun Ces ſauuages ont abondament bled feues citrouilles pour la chaſſe etant accablés de maladie et craignant continuellemt leurs Ennemis nous n'en vimes point dans leur village ils ſe cabanent comme les hurons le ſervant de grand pots de terre au lieu de Chaudiere et de cruches fort bien faits ils ſont tous nuds exepté quand ils ſortent ils prenent vne peau de boeuf ſur eux les femmes et les filles y ſont comme aux Illinois a demy nues elles ont vne peau qui leur prend depuis la ceinture et leur va juſquaax Genoux quelques vnes ont vne petite peau de Chevreuil en bendolliere nous demeurames dans ce village deux jours et demy et aprés y auoir planté vne croix que nous leur dimes etre le ſigne de notre vnion nous partimes le 30 9bre pour aller à leur autre village qui eſt eloigné de celui la environ de 9 Lieues ce nous fut une peine tres ſenſible de nous ſeparer de Mr de Tonty qui ne put venir avec nous pour quelques raiſons il auroit bien ſouhaité nous accompagner dans les autrès nations ou nous allions mais les affaires le rapelloient aux illinois c'eſt l'homme qui connoit le mieux ce pays il a été 2 fois à la mer il a été 2 fois dans la profondeur des terres Juſquaux nations les plus éloignées il eſt aymé et craint partout ſy l'on faiſoit la decouverte de ſes pays Je ne penſe pas qu'on la peut mieux confier a vn homme plus experimenté que Luy Je ne doute pas Monſgr que votre Grandeur ne ſe faſſe vn plaiſir de reconnoitre les obligations que nous luy auons Nous Couchames a l'embouchure de la riviere des Acanſeas qui eſt belle éloigné denviron 250 Lieües de celle de illinois Le Lendemain nous arriuames de Bonne heure au village les ſauvages vinrent au devant de nous avec le Calumet ils nous conduiſirent au village avec les memes Ceremonies qu'au premier nous y paſſames 2 jours ce village me paroit un peu plus nombreux que le premier, il y auoit plus denfans nous leur dimes que nous allions plus bas chés leurs voiſins et amis quils nous verroiens ſouuent quils feroient bien de ſ'aſſembler tous enſemble quils pouroient facilement reſiſter a leurs ennemis Ils ſ accorderent a tout et nous promirent dé tacher a faire venir avec eux les Ozages qui etoient ſortis de la riviere des Miſſouris et étoient dans le haut de leur Riviere nous partimes le 2 de janvier et fûmes Cabanés a L'embouchure de la riviere ou Les françois qui ſ'en retournoit ne nous voulurent donner qu'un jour pour écrire Je croyois auoir plus de Temps pour le faire eſperant remonter des Acanſeas aux Illinois mais comme nous allons bien plus Bas jay peur que les Lettres que nos eſcrivons dans la ſuite ne ſoient pas tenues cête annéé Les occaſſions etant parties auant que nous arrivions aux Illinois C'eſt pourquoy je prie Votre Grandeur de m'eſcuſer ſi celle cy et un peu mal digerée Le Temps mé preſſe ſy fort que je ne puis pas écrire méme a aucun de mon Meſſrs que je vous prie de me permettre de ſaluer et me recommender a leurs Sts Sacrifices Jeſpere que Votre Grandeur voudra Bien maccorder la méme faveur De ſon bon ſerviteur devant notre Seigr De celuy qui et avec un tres profond Reſpect

De Votre Grandeur

Monſeigneur

Le Tres humble et très &c

AULTRE LETTRE.

Nous ſommes heureuzement arrivés chez les nations que nous cherchions apres vne navigation de ſix mois qui napas été Interrompue par Lhivert ces peuples nous ont recus avec une joye et vn acceuil que je ne puis vous exprimer ſurtout apienant que nous venions demeurer chez eux Les premiers chés qui nous auons cru etablir ſont les Tonicas leſquels ſont plus loin de 60 Lieues que les Akanſeas Mr. Dauion ſy eſt mis Lendroit ou Il et eſt aſſes Beau et avec quelques petites villages de quelqu' autre nation qui ſont avec eux ils ſont enuiron 2000 ames vne journee enuiron de Chemin plus baz c'eſt a dire 20 Lieues ſont les Taenſas qui parlent vne autre Langue ils ne ſont éloignez que dune petite journéé des Natchez qui ſont de la meme nation et qui parlent la méme Langue pour le preſent je demeure chez les taenſas mais dans peu de dois aller aux Natchez céte nation et fort Grande, et plus nombreuſe que les tonicas pour les Taensas ils ne ſont enuiron que 700 ames pour Mr de St Cosme il reſte aux tamarouois Les akanſeas auroient bien deſires que nous euſſions reſtés chez eux mais comme ils netoient pas reunis dans vn ſeul village ce qui auroit été trop Dificille a deſervir nous les auons engagés á ſe raſſembler pour auoir vn miſſionnaire, ſe qu'ils doivent faire ce printemps prochain et meme ils veulent auſſy nous faire vne maiſon pour nous engager a les aller voir et a demeurer chez eux ces peuples cy ſont fort doux font grand acceuil et ont grand eſtime des françois ſont ſedentaires travaillent a la Terre ne vivant guere que de bled d'inde

Je parle ſouuent des Tonicas et des Taenſas et de ceux qui ſont ſur le bord du Miciſſippi en deſcendant a la mer car dans la profondeur des terres les ſauuages y ſont en grand nombre ils ont des temples aſſés beaux Dont les murailles ſont des nattes Celuy de taenſas a des murailles epaiſſes de 7 a 8 pieds á cauſe de la grande quantité de nattes qui ſont les unes sur les autres ils ont pour vne de leurs divinités autant que jay peu uoir le ſerpent ils noſeroient rien accepter ou ſ'approprier d'un peu conſiderable ſans l'auoir auparavant porté a leur temple Lorſqu'ils recoivent quelque choſe c'eſt avec vne eſpece de veneration qu'ils ce tournent vers ce Temple ils ne paroiſſent pas dereglés dans leurs moeurs á cauſe des grandes chaleurs les hommes y ſont nuds et les filles et femmes ny ſont bien couertes et meme les petites filles juſqu'a l'age de 12 ans y ſont toutes nues ils ſont ſy doux et ont tant de deference pour ce que nous leurs diſons que je me perſuade lorſque je ſcauray un peu la Langue qu'il ne me ſera bien difficille de reformer cêt abus qui parmy eux ne leur ſont aucune impreſſion y etant áccoutumés dés l'enfance ils ont encore vne autre abus Lorſque leurs chef ſont morts ſelon qu'il a êté plus eſtimé plus auſſy il a des perſonnes qui delles mémes ſ'offrent a mourir avec luy et lannéé dérniere que le chef de Taenſas mourut il eut 12 perſonnes qui ſ'offrirent a mourir et a qui on caſſa la Tête il ny a jamais d'hivert ches eux ils ny connoiſſent

connoiſſent point la neige quils nont jamais veue Lherbe y eſt toujours et a la fin de janviers les péſchers les pruniers et la violette y ètoient fleuris j'ai veu vers ces tems la aux taenſas dauſſy grande chaleur quen plein été a Kebeq et cependant ceux qui y ont demeuré l'été aſſeurent qu'il ny fait plus chaud qua Kebeq La terre y et tres bonne le Bled dinde y vient quelques fois juſqua 20 pieds de haut et vn ſeul grain emmenera 10 ou 12 tiges Groſſes preſque comme le Bras il y a un grand nombre d'herbes et de plantes et dautres qui nous ſont Inconnues ſi vous aues enuie de voir les habits de nos ſauuages nous en enuoyons a Mr Leuiſen qui vous les poura faire voir comme nous ne ſçavons point la Langue nous nauons point encore fait de grandes converſations neanmoins nous auons la conſolation dauoir baptizés pluſieurs enfans moribonds et vn chef des Tonicas fort conſideré que Intruiſimes par Interprétre nous fûmes ſurpris de voir dans un ſauuage tant de jugemens et de diſpoſitions auſſy Chretiennes que celles qu'il auoit comme il étoit a lextremité nous le Baptizames et luy donnames le nom de Paul il mourut le Lendemain apres auoir ſait des aſtes de Religion qui nous edifierent beaucoup Je vous prie de vouloir bien continuer Toujours vos bonnes prieres pour nos miſſions car je me perſuade et avec juſtice que ſe ſont elles qui nous ont obténu un heureux voyage Je ſalue toute la communauté Iaurois voulu écrire a pluſieurs mais je nay pas pu Je ſuis plus que je ne puis dire a Notre Seigneur.

DE MONTIGNY.

Des Akanſeas, 2 Janr. 1699.

AULTRE LETTRE.

Voicy ce que jay tiré dune lettre du R. P. Jesuiste missionaire nommé Le p Buinneteau qui est icy nomme dans cette relation et qui me fait l'honneur de mescire de temps en tems quoyqu éloigné de moy de pres de 900 Lieues mon frere et a 80 en deca de sa mission des Illinois il ny a que 800 Lieues d'icy á la mission de mon frère que lon nomme Les Tamarouas, Langue Illinoise qui est la plus commune langue de tous les sauuages Voicy donc ce que nous marque le le R p de cette sauuagesse

Ie faits Bon fiere alliance avec elle puisque la Vertue semble être née auec elle son coeur Brûle toujours de l'amour divin il ne faut que luy dire un mot ſur ce ſujet pour la rendre toute receuillie et rentrée en elle même ſa devotion & modeſtie y et tres grande et remarquable elle reprend publiquement les defauts qui ſe commettent dans le village et ne ſe pardonne rien a elle même bien moins quaux autres elle porte vne ſte enuée á ceux qui demande pardon en pleine chapelle de leur mauuaiſe conduite tous les ſauuages en parlent dans les termes dûne tres grande eſtime Les infidelles meme de cette miſſion n'en ont point dautres ſentimens il ny a que celle la quels auouent auoir le cœur bien fait c'eſt un terme dont ils ſe ſeruent quand ils ont une Grande eſtime des perſonnes ils diſent qu'elle mene vne vie Irreprochable "

De Chicago, ce Auril, 1699

AULTRE LETTRE.

Celle cy eſt pour vous faire ſcavoir que nous auons fait le voyage des Akanſeas Graces a Dieu fort heureuſement et nous avons deſcendu 200 Lieues de la mer Ie ne vous parleray point de nôtre route depuis Michilimaquinac Juſqu'aux Akanſeas dans celle que je me fais lhonneur de vous écrire ayant peur de vous ènnuyer Nos Mrs ont fait une relation quils envoye a Monſgr. Jé crois que vous la verrés qui vous dira toutes choſes toutes les avantures de voyage nous ? (arrivés) au Akanſeas Le 17 de Xbre ou nous avons été fort bien reçus ils ne ſcavoient quelle chere nous faire cête belle nation dont il eſt parlé eſt preſque toute détruite par la guerre et par la maladie cêt grand dommage ce ſont les hommes le mieux faits les plus francs et du meilleur naturel que nous ayons veu nous y auons planté vne croix et quand ils vont en chaſſe ils font la même choſe nous en auons trouvé en revenant quils auoient planté ſur le Bord du Miciſſipi ils atendent avec Grande impatience un miſſionaire Mr. de Montigny voyant qu'ils etoient peu reſolus d'aller plus bas nous en partimes le 4 de Janvier avec peu de vivres croyant trouver de la chaſſe comme de coutume, car depuis Chicagou Juſqu'aux Akanſeas dans le Miciſſipi les Boeufs et les vaches ſont en ſy grande quantite que Lon ne peut manquer de viures quand on a de la poudre et du plomb Lours et le Cheureuil y eſt en tres grand nombre nous en auons tués pluſieures a coup de ſabres partant des Akanſeas nous eumes de la pluye leſpace de 5 jours pendant les quels nous ne fimes pas grand chemin nous nauions pour tous vivres que de la Citrouille Boucanéé et nous n'en mangions pas encore moittie de notre refection Le jour des Roys nous ne mangeames point Le 11 nous arrivames aux Tonicas Enuiron 60 Lieües plus bas que les Akanſeas Le 1er village en a 4 Lieües de Miciſſipi dans les terres ſur le Bord d'une aſſes belle riviere ils ſont diſperſés par pêtits villages ils contiennent en tout 4 lieues de pays ils ſont enuiron 260 cabanes Leurs maiſons ſont faites de pieux et de terre et ſont fort Grandes ils ny font de feu que 2 fois le jour et font leurs cuiſine dehors dans des pots de Terre Les femmes mariéés ſont couuertes depuis la Ceinture juſqu'aux Genoux et les filles ſont nues juſqu'a a l'age de 12 ans quelques fois plus juſqu'a ce quelles ſont mariées et elles ne portent que des habits qui les couurent tres peu qui ſont faits en maniere de franges quelles mettent ſimplement devant eux pour les hommes ils ſont vêtus de leurs peaux et ſont des Gens fort paiſibles et d'un tres bon naturel qui cheriſſent Beaucoup les françois ils ne vivent que de bled dinde, ils ne ſ occupent qu'a leurs champs ils ne chaſſent point comme les autres ſauvages Les bleds dinde de ce pays la ont 15 a 20 pieds de hauteur ils ne le ceuillent qu a meſure qu'ils en ont beſoin Le village du grand Chef eſt dans vne belle prairie La maladie êtoient parmy eux quand nous y arrivames un de leurs Cheſ êtant prêt de mourir Mr de Montigny luy fit demender par un Interprete ſil vouloit être Baptizé a quoy ayant reſpondu quil le deſiroit et ayant même donné quelques marques de ſon deſir il fut baptizé et mourût le Lendemain ils mouroient en tres grand nombre, ils enterrent leurs morts et les parants viennent pleurer avec ceux de la maiſon et le ſoir ils pleurent ſur la foſſe du mort et ils y font du feu et paſſant leurs mains par deſſus criant et pleurant Mr Davion á etably ſa miſſion en cêt endroit ils ont un temple ſur vne petite montagne nous y fûmes le voir il y a des figures de Terre qui ſont leur Manitous nous ſejournames 8 jours en ce village et nous en partimes pour aller aux taenſas qui ſont enuiron 20 Lieues plus bas, nous fûmes coucher au bas de leur rivière ſur le Bord de Miciſſipi ou nous gagnames leur maladie par la Grande abondance de pluye qui dura fort long temps et il plût ſy fort pendant deux jours que nous fûmes obligés de faire un Lict a Mr. de Montigny ſur des Buches il étoit ſy malade que quand il vouloit ſe lever il ſ'evanouiſſoit a tout moment nous nauions rien a manger que du bled dinde a l'eau une partie de nos Gens étoient a la Chaſſé tous fatigués et malades il y en eut un qui ſecarta dans

dans le Bois et qui coucha de hors on le fit chercher et moy ie m'en fus a la chaſſe ou je tuai quelques pieces de Gibier mais Mr. de Montigny n'en voulut point manger nous partimes de ce Lieu et quand ce vint le ſoir tous ſe trouverent malades Le Lendemain nous arrivames au portage des Taenſas qui et dune Lieue ou nous couchames J'eus la la fiévre auſſy bien que les autres Le 21 nous arrivames aux taenſas il y a une Lieue par terre et deux par eau ils ſont ſur le bord d'un lac a 3 Lieues de Miciſſipi ce ſont des gens fort humains et dociles il ny auoit pas long temps que leur Chef étoit mort quand nous y arrivames c'eſt leur coutume que de faire mourir (du monde) pour ce ſujet ils nous dirent quils en auoient Tués 13 a la mort de celuy qui etoient mort Le dernier ils mettent pour cet effet dune racine Eruler dans le feu et quand elle et conſumée ils le Tuent á coups de Caſſe tête Les Natchez qui ſont a 12 Lieues plus bas en font mourir a la mort de leur chef il faut auouer quils ſont bien ſots de ſe faire tuer ainſy c'eſt cependant ce qu'ils eſtiment a grand eſtime et generoſité ils vn temple bon grand il y a trois Collones qui ſont bien faites des ſerpents et dautres ſemblables ſuperſtitions.

Le temple et enclos dune cloture faite en façon d'une muraille elle eſt preſque garnie de teſtes de morts Ils nous vouloient pas nous laiſſer entrer dedans diſant que ceux quy y entroient mouroient nous y entrames moitié par force, moitié de bonne volonté Les filles et les femmes ſont habillées de la même maniere que celles dont j'ay parlé cy devant et encore plus mal car nous en avons veües agéés de 25 a 30 ans toutes nues.

Nous en partimes le 27 pour revenir aux Tonicas Mr. de Montigny et Mr. de St. Coſme reſolurent de remonter enſemble pour emmener les effets qui étoient reſtés a Chicagou ou le frere Alexandre étoit reſté pour les garder parce qu'ils ny auoit point d'eau dans la riviere des Illinois nous nous nauons emporté qu'une Canoté de plus neceſſaire qu'il a fallu porter leſpace de 15 Lieues nous avons fait bonne chere cete automne én retournant le Miciſſipi en revenant des taënſas un de nos Gens fût mordu d'un ſerpent ſonet il n'en fut Incommodé parce que Mr. de Montigny qui etoit proche de Luy donna vn remede pour empecher lêfet d'un uenin dans les rivieres des acanſcas Tonicas et dans le Lac des Taenſas le Cocodille y eſt en ſy grand nombre que Lon en voit juſqua 30 enſemble ceſt le maitre poiſſon le plus afreux que l'on puiſſe voir il et fait comme un Crapeau Jen ay veu qui etoit auſſy Gros qu'une demie barique Lon dit quil y en a d'auſſy gros qu'une barique et longs de 12 a 15 pieds Je ne doute que ſ'ils atrapoient un homme ils ne l'engloutiſſent Il y a eu des nations Illinoiſes qui ont voulu ſ'oppoſer á notre voyage mais Ils ny ont rien gaigné nous auons paſſé malgré eux et leur enuie Mr de Tonty á voulu accompagner ces Mrs. juſquaux Acanſeas nous etions forts de monde et remontant la riviere des Illinoîs ſen eſt fallu que nous nayons été pillés par les Miamis ils ſe ſont uantés de nous piller en remontant la riviere des Illinois nous ne ſommes point dans le deſſein de nous laiſſer piller nous ſommes 30 hommes a deſcendre la riviere de Illinois.

Il y a autant de monde aux Tamarois que kebeq Mr. de St. Coſme eſt aux tamarois qui eſt a 8 Lieues des Illinois c'eſt le plus grand village que nous ayns veu il y enuiron 300 cabanes nous ſommes arrivés le jeudy St. a Chicagou apres avoir fait 30 Lieües par terre il plût pendant les deux derniers jours de notre marche Mr. de Montigny êtoit bien fatigué et moy ie ne lestois pas moins on poura faire beaucoup de fruits dans les missions d'en bas, scavoir des Akanseas Tonicas et Taensas et dans plusieurs autres nations qui sont aux enuirons Je le croy ainsi et disent que nous sommes des Esprits Mr. de Montigny êtoit dans le dessein de voir toutes les nations et daller a la mer ayant apris que trois françois auoient été tués depuis peu comme nous étions tous malades peut etre ne latil pas jugé apropos il va setablir aux Taensas eloigné enuiron 100 lieues de la mer et meme Je croy quil ira tout son monde est si contant de luy que partout ou il veut aller il trouue du monde plus quil nen veut partant des Illinois le mois d'avril 4 voyageurs vinrent expres pour l'accompagner et comme Il étoit fatigué ils voulurent le porter ce quil ne leur permit pas et se rendit a pied je vous diray que Mr. de Montigny auoit êmmené avec luy un garçon agé de 12 a 15 ans qui segara en faisant le premier portage dans les prairies Mr. de St. Cosme resta avec 5 hommes et le cherchèrent 2 jours ſans le pouuoir Trouver et pendant ce tems lá moy 3me avec Mr. de Montigny fimes 2 lieües de portage ce garçon ſe rendit a Chicagou ou etoit le frere Alexandre 13 jours apres il nen pouuoit plus et auoit perdu l'eſprit ces mrs. auoient des habits de femme et de filles a la façon des Tonicas Mr. de Montigny a enuie de me mettre aux tamarois avec Mr. de St. Coſme Je n'en ſerois pas faché on croyoit aux Outraois que Mr. Diberville etoit venu par mer au bas de Micıſſipi mais nous nen auons reçû aucune nouuelle ſinon celle que je vous ay raporté cy deſſus Les miamis nous cherchent querelle mais nous ne ſcauons pas ce quil en arrivera nous deuons partir de Chicagou le lundy de paſques tout le plus Beau pays que nous ayons veu eſt depuis Chicagou juſquaux tamarois ce neſt que prairies et bouquet de Bois a perte de veue Je vous diray auſſy que quantité de Canadiens ſe marient aux illinois Je ne deſcendray que dans 2 ans pour ſcauoir ſy l'on etablira ce pays il eſt tout a fait charmant nous ne nous ſommes pas apercus de lhivert Les peſchers êtoient fleuris aux Tonicas dans le mois de Jan^er il y en a ſy grande quantité dans le village de Taenſas quils les abatent il y a auſſy des perles qui ſont fort belles Je crois quelles ſont de prix ils les percent cependant pour les mettre en Collier Je finix a prehendant de vous ennuyer et me dis.

Votre tres humble et

Tres obeiſſant ſerviteur,

La Sourcf

LETTRE DU P. JAQUES GRAVIER,

A MGR. DE LAVAL.

J. M J.

De la Miſſion de St. Ignace de Michilimakinac ce 20 September, 1698

Monſeigneur :—La recommendation de voſtre grandeur nous eſt un commandement que j'ay reçu avec un profond reſpect ; et que nous avons taché d'executer le mieux qui nous a eſté poſſible, nous avons reçue avec une joye ſincere et cordiale ces fervens miſſionaires de votre ſeminaire des miſſions etrangeres de Quebec avec qui nous avons le bonheur d'avoir une ſi etroite union, et ſi nous eſtions capables d'avoir la moindre peine de voir des etrangers dans la miſſion des Akanſeas ou le pere Marquette ſemble n'avoir paru le premier que pour en ouvrir l'entree a ſes freres nous ne pouvons avoir que de la joye que ceux de voſtre ſeminaire Monſeigneur que nous regardons comme nos veritables freres et qui nous font part du merite de toutes leurs bonnes œuvres veuillent s'employer à la converſion des pauvres Akanſea et des autres nations qui n'ont pas encor la connoiſſance du vray Dieu

Je vous avoue Monſeigneur, que nous ſommes charmés le pere de Carheil et moy de la ſageſſe, du zele et de la modeſtie que Monſieur de Montigny, Monſieur St. Coſme, et Monſieur Davion nous ont fait paroitre dans les conferences que nous avons eues enſemble durant ſept jours qu'ils ont eſté icy; nous avons agi et nous nous ſommes toujours parlé avec la même ouverture et la meme franchiſe qui ſi nous avions toujours veſcu enſemble· et nous ſupplions voſtre grandeur de croire que nous n'oublions rien pour la confirmer.

Je leur ay temoigné qu'il n'eſtoit pas apropos qu'il parut que ce fut Monſieur de Tonty qui les introduiſe aux Akanſea, car ils paſſeroient pour ſes envoyez et qu'il faut que Monſieur de Montigny leur parle luymeſme par ſon interprete, il ne m'a donné le temps de faire un petit diſcours Ilinois pour entrée le pere Binteau qui ſait auſſi bien que moy les manieres des sauvages le fera mieux que moy · il se fera un plaisir aussi bien que le pere Pinet à Chicagoua de leur rendre toutes sortes de services.

Au reste si Mr. de Montigny marque a vostre grandeur comme il m'en a menacé que nous luy avons donné pour son voyage sept sacs de bled d'inde et fait rafferer deux haches je la supplie humblement de n'en rien temoigner au pere superieur puisque nostre maison n'a de bourse rien de nouveau et de vouloir bien nous epargner le chagrin que nous aurions d'apprendre qu'on veut mettre en ligne de comte comme avec des Etrangers un peu de blé d'inde que nous avons partagé avec nos frères. Si le sac de vieux blé vaut à l'heure qu'il est plus de 25 liv : le nostre ne nous revenoit pas à 15 liv · et nouveau tel qu'il est ne nous manquera pas sans comter que nostre frere Jacques a vendu 50 liv un canot que Monsieur de Montigny nous avoit laissé.

Je prends la liberté de faire ce detail à vostre grandeur pour la supplier de ne nous pas priver de la joye et de la consolation que nous esperons toujours avoir de recevoir dans toutes nos miſſions Meſſieurs les miſſionaires du Seminaire de Quebec et ceux qui y ont quelque raport et d'y agir avec la même franchiſe que dans leurs maiſons. Je vous demande humblement Monſeigneur, voſtre Ste benediction et je ſuis avec un profond reſpect.

Monſieur, le tres humble et tres obeiſſant ſerviteur,

JACQUES GRAVIER,
de la Compagne de Jeſus

Achevé d'imprimer le 17 Mai, 1861.

www.ingramcontent.com/pod-product-compliance
Lightning Source LLC
LaVergne TN
LVHW061944220826
846091LV00011B/4078

* 9 7 8 1 2 7 5 8 3 8 8 1 9 *